# EXTRAIT DV PRIVILEGE.

PAR LETTRES PATENTES DV ROY données à Fontainebleau le seisiesme jour d'Octobre, l'An de grace Mil six cens vnze, & de nostre reigne le deuxiesme. Signées PAR LE ROY EN SON CONSEIL, LARDY: & sceellées du grand sceau en cire jaune sur simple queuë, confirmatiues à d'autres precedentes. Il est permis à Pierre Ballard, Imprimeur de Musique de sa Majesté, d'imprimer, faire imprimer, vendre & distribuer toute sorte de Musique tant voccale qu'instrumentale, de quelque Autheur que ce soit. Faisans deffences à tous autres libraires & Imprimeurs de quelque condition & qualité qu'ils soyent, d'imprimer, faire imprimer, extraire partie d'icelle par quelque maniere que ce soit, ny mesme vendre ny distribuer en general ne particulier, les liures de Musique & autres, imprimés & à imprimer par ledit Ballard, sans son congé & permission, sur peine de confiscation desdits liures, despens, dommages, interéts & d'amende arbitraire: ainsi qu'il est plus amplement déclaré esdittes lettres: & ce pour le temps de dix années, à commencer du jour que les liures seront acheués d'imprimer, n'onobstant toutes lettres impetrées ou à impetrer a ce contraires. Saditte Majesté veut sans autre signification ne formalité, l'extrait d'icelles mis au commencement ou fin de chacun desdits liures, estre tenues pour bien & deuëment signifiées à tous qu'il apartiendra.

# BALLET ROYAL

## D'Alcidiane.

### DIVISÉ EN TROIS PARTIES.

Dansé par sa Majesté le 14. de Feburier 1658.

A PARIS.
Par ROBERT BALLARD, seul Imprimeur du Roy pour la Musique.

M. DC. LVIII.
Auec Priuilege de sa Majesté.

# BALLET ROYAL

## De Alcidiane.

### EN TROIS PARTIES

Dansé par sa Majesté le 14.
de Feburier 1658.

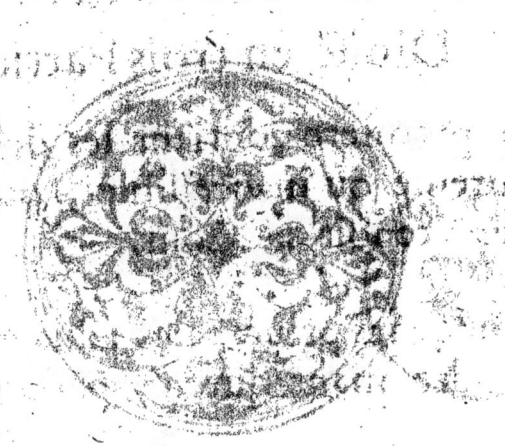

# BALLET ROYAL D'ALCIDIANE.

Diuisé en trois Parties.

Dont la premiere contient les delices de l'Isle Heureuse ou inaccessible, où cette belle Reyne tenoit sa Cour.

La seconde, les principales aduantures de Polexandre auant que d'y paruenir.

Et la troisiesme, son Triomphe & sa gloire en la possession d'Alcidiane.

A ij

# AVANT-PROPOS.

LE sujet de ce Ballet est tiré du Roman de Polexandre : Et bien que beaucoup de personnes ayent eu la curiosité de le lire, on se croit pourtant obligé d'apprendre à ceux qui ne s'en sont pas donné la peine, Que l'Isle inaccessible par l'art des Pilotes, ne le fut pas à plusieurs que la Fortune y fit aborder, & que Polexandre ayant esté de ce nombre, & en estant sorty pour deliurer vne des Dames de la Reyne, eut de grandes trauerses auant que d'y retourner, & qu'enfin par les aduis de Pallante, Chef des Illustres Esclaues d'Alcidiane, Il y fut vne seconde fois, & se rendit enfin possesseur de cette Reyne, & de l'Isle inaccessible, que ses merueilles ont fait nommer Bien-heureuse. Il y eust eu vne trop grande quantité d'Entrées pour la juste longueur d'vn Ballet,

Ballet, si l'on y eut adjousté beaucoup de choses qui se passerent dans l'Isle à son arriuée ; & il suffit que celles qui suiuent soient les plus essentielles, les plus diuertissantes, & celles qui conuiennent le mieux au Suiet.

## PREMIERE PARTIE.

*La Scene est vn Païsage fertile & delicieux, orné de Jardins, de Fontaines, & de quelques Palais en esloignement.*

Velques-vns des plus Gallands de la Cour d'Alcidiane se trouuans dans vn lieu des plus agreables de l'Isle, auec des Dames & vne partie de sa Musique, chantent des Vers à la loüange de l'Amour ; & comme elle a des Musiciens de toutes les Nations, ce Concert se fait en Italien & en François auec emulation, pour seruir apres au diuertissement de la belle Alcidiane.

## CONCERT ITALIEN ET FRANÇOIS.

Recit chanté par Mademoiselle de la Barre.

*Serio per il principio.*

AMor modera il Cielo, e la Natura,
   E sempre vbbidienti
   Prendono gl' elementi
Dal suo solo voler' norma, e misura.
   In Ciel più belle
   Splendon d'Amor le stelle,
   Ei con saver profondo
Signoreggia le sfere, anima il mondo.

Amiam dunque infin ch' e lecito
   Ne cerchiamo altre venture,
   Le sciagure
Han pur' troppo il piè solecito.
   Quando vn core
   In Amore
Può godere alta beltà,
S'altro cerca è vanità.

Volan gl' anni, i giorni volano,
   Del etade il più bel fiore
   Breui l'hore
Troppo ohimè ratto ne inuolano.
   Ma se vn alma
   Hà la palma
Di gradita alta beltà
S'altro cerca è vanità.

# TRADUCTION DES VERS ITALIENS.

Amour commande au Ciel aussi bien qu'en la Terre,
Plus puissant que le Dieu qui lance le Tonnerre,
Il impose ses Loix à tous les Elemens,
Il produit tous nos biens, il cause nos desastres,
    Et des yeux brillans sont les Astres
Que consultent les cœurs des fidelles Amans.

    Aymons donc, puisqu'il est permis,
    Et que nos cœurs soûsmis
A ce charmant vainqueur qui regne sur nos Ames,
Soient toujours prests à receuoir ses flames:
Qui peut toucher d'amour vne jeune beauté,
Trouue que tout le reste est pure vanité.

    Le Temps coule insensiblement,
    Tout passe en vn moment,
Et par tant d'accidens qui trauersent la vie
Le bien present à l'amour nous conuie;
Cette douce prison vaut bien la liberté,
Et tout autre plaisir n'est qu'vne vanité.

# RECIT
## Chanté par Mademoiselle Hilaire.

Que vostre Empire, Amour, est un cruel Empire,
Tout le monde s'y plaint, tout le monde y soupire,
Et forme un doux concert des honneurs qu'il vous rend;
Tout l'Vniuers gemit sous de pareilles chaisnes,
C'est la mesme langueur, ce sont les mesmes peines,
    Mais le murmure est different.

    Suiuons de si douces loix,
    Puisque les Dieux & les Rois
    Sont obligez à les suiure;
    Il est malaisé de viure
    Sans deuenir Amoureux;
Mais il faut estre aymé pour estre bien-heureux.

    Ce Dieu rend nos jeunes ans,
    Aymables, doux, & plaisans,
    Et de tout soin nous deliure;
    Il est malaisé de viure
    Sans deuenir Amoureux;
Mais il faut estre aymé pour estre bien-heureux.

## PREMIERE ENTRE'E.

L'Isle Bien-heureuse estant dediée à la Paix, au repos, à l'Amour, & aux innocens plaisirs de la vie; & ne pouuant souffrir aucune de ces passions qui en troublent la tranquilité; La Haine, la Colere, l'Enuie, la Ialousie, le Desespoir, & la Crainte sont chassées par l'Innocence hors de cet aymable sejour.

### LES PASSIONS.

*La Haine,*     LE ROY.
*La Colere,*   Le Comte de S. Aignan.
*L'Enuie,*      M. Cabou.
*La Ialousie,*  M. Mollier.
*Le Desespoir,* Le Sieur Beauchamp.
*La Crainte,*   Le Sieur de Lorges.

*Pour sa Majesté representant la Haine.*

Quel esclat brille en ce jour?
Mais n'en soyons plus en peine,
Ce n'est rien moins que l'Amour:
Au contraire c'est la Haine.

Encore que son habit
Cache vn cœur comme le nostre,
La Haine auroit grand dépit
Que l'on la prit pour vne autre.

Sur un si dangereux point,
Gardez-vous bien de méprise :
Non, la Haine n'ayme point,
Et que cela vous suffise.

Elle veut tuër le Temps
Quand elle n'a rien à faire,
Une Haine de vingt-ans
Est une terrible affaire.

Amour, quel est ton appuy,
Où tes retraites sont-elles ?
La Haine occupe aujourd'huy
Le cœur de toutes les Belles.

Le Comte de S. Aignan representant la Colere.

LA Colere sert l'Amitié,
En elle on s'est toujours fié,
De chaleur elle est toute pleine :
A le prendre d'un ton plus haut
La Colere sçait comme il faut
Servir utilement la Haine.

Belles, si vous manquez d'esclat,
Ie rends le teint plus incarnat,
Et je le dispose à mieux plaire :
Ne jurez pas, mais prenez feu,
Et que vostre Ame tant soit peu
Se laisse aller à la Colere.

## II. ENTRÉE.

### L'Innocence.

Le Marquis de Genlis, representant *L'Innocence*.

*L'Innocence du Siecle d'or*
*En moy pourroit fleurir encor,*
*J'en ay la grace naturelle :*
*La difference que j'y voy,*
*Elle estoit plus belle que moy,*
*Ie ne suis pas si sotte qu'elle.*

## III. ENTRÉE.

L'Abondance de tout ce qui peut contribuër au bon-heur de la vie en l'Isle heureuse fait que la Mer y produit des Perles dont la beauté n'a point de comparaison, non plus que celle d'Alcidiane : Quelques Pescheurs qui s'en enrichissent par leur commerce auec les Estrangers que la Fortune fait aborder en cette Isle, tesmoignent en dançant combien ils estiment leur felicité.

*Pescheurs de Perles.* le Comte de Sery, le Marquis de Villeroy, M. de Raffent, les Sieurs Des-airs l'aisné, & le cadet.

Le Comte de Sery, representant un Pescheur.

Vous faut-il un Pescheur, n'en choisissez
　　point d'autre;
Mais le seul embarras qui trouble mon dessein,
C'est que l'Onde n'a point de Perles dans son sein
　　Qui soient blanches comme le vostre.

Le Marquis de Villeroy, representant
un Pescheur de Perles.

La Mer auec le temps pourra bien me fournir
Dequoy parer le sein d'une jeune Maistresse,
Ie ne voy rien de fait, mais aussi rien ne presse:
La Perle est à pescher, & la Gorge à venir.

## IV. ENTRÉE.

Comme les Sujets d'Alcidiane n'ont point de plus grand attachement que celuy de la diuertir & de luy plaire; Vn d'eux auec sa femme, & leur suite ridiculement vestus, comme on s'habilloit anciennement en quelques parties de l'Europe, preparent vne Entrée fort grotesque pour la danser deuant elle.

Doliuet, Courtisan, representant un Balladin ridicule.
Monsieur Hesselin, sa femme.

SVITE

## SVITE.

| Hommes. | Femmes. |
|---|---|
| M. Baptiste, | M. Bontemps, |
| Don, | M. Cabou, |
| Lambert, | Beauchamp, |
| De Lorge, | Reynal, |

Pour les Baladins ridicules qui dançent
auec leur femmes.

C'Eſt vn bon remede au mal
Dont on a la teſte pleine,
De mener ſa femme au Bal
De peur qu'vn autre la meine.

Monſieur Heſſelin, repreſentant vne Femme.

NOſtre Iſle eſt bien-heureuſe, & tous tant que
nous ſommes
Y gouſtons vn repos qui n'eſt troublé de rien :
Comme il eſt dangereux de s'attacher aux hômes,
Ie me tiens à mon Sexe, & ie m'en trouue bien.

Il faut de la beauté comme de la ieuneſſe,
Les Femmes ne ſont rien ſans ce treſor exquis ;
Auſſi ces deux talens m'accompagnent ſans ceſſe,
S'ils ne ſont naturels, au moins ils ſont acquis.

D

## V. ENTRÉE.

SIx des plus Galands de la Cour d'Alcidiane se divertissent ensemble; & quoy qu'ils soient rivaux, ils ne laissent pourtant pas d'estre amis, pource que la Ialousie ayant esté bannie de l'Isle heureuse auec les autres Passions, ils ne sçauroient se broüiller ensemble pour ce sujet.

*Galands.* Les Marquis de Saucourt, de Richelieu, d'Alluye, & de Gontery, M. de la Chaisnaye, & le Sieur le Vacher.

*ENtre Rivaux, ce me semble,*
*Tout commerce est interdit;*
*Quand ils sont si bien ensemble,*
*Amour, je le tiens pour dit.*

Le Marquis de Saucourt, *representant un Amy rival.*

BEauté, pour qui d'abord mon cœur se déclara,
Encore que je sois d'humeur assez jalouse,
Si c'est peu d'vn Amant, & qu'il en faille douze,
Soyons à vous aymer autant qu'il vous plaira:
Je n'affecteray point toutes ces mignardises,
Les autres languiront, vous diront cent sottises,
Feront les doucereux; mais quand il s'agira
De vous rendre seruice en quelque bonne affaire
I'en feray plus moy seul qu'eux tous n'en sçauroient faire.

Le Marquis de Richelieu, representant vn Amy riual.

LA plus dure contrainte & le pire des maux
C'est de s'accommoder auecque ses Riuaux:
Ie ne sçay pas sur quoy nostre Ingrate se fonde,
I'en sens diminuër la langueur où je vy,
Et l'Amour en cela semblable aux Gens du monde
Pour auoir plus de train n'en est pas mieux seruy.

Le Marquis d'Alluye, representant vn Amy riual.

ESt-ce vn tourment de Damné
Que des Riuaux sur sa route?
Je ne sçay pas si j'en ay,
Mais j'en merite sans doute:
Pour comprendre ce tracas
Il faut que je m'examine
Sur ce sujet, en tout cas,
Si j'ay de cette vermine,
Je suis seruiteur à tous,
Ils n'ont rien qui me déplaise,
Mais je l'auouë entre nous
I'en parle bien à mon aise.

## VI. ENTRE'E.

Huict des meilleurs Danseurs de la Cour d'Alcidiane, font voir par vne danse serieuse leur disposition & leur addresse.

*Balladins serieux.* Le Marquis de Rosny, le Marquis de Seguier, Messieurs les Cheualiers de la Marthe & de Fourbin, Messieurs Boyer & Coquet, les Sieurs de la Marre & de Gan.

Le Marquis de Seguier, *representant vn Balladin serieux.*

*C'Est pour vous plaire seulement*
*Que l'on me void icy dancer si proprement,*
*Et le but de ma dance est qu'elle vous agrée;*
*Tous ces nobles élans à l'Amour estoient dûs,*
*Mais si de vostre cœur il m'interdit l'entrée*
*Voila bien de beaux pas perdus.*

## VII. ENTREE.

LA Paix qui regne toujours en l'Isle innaccessible, y faisant paroistre ridicules les guerres de l'Europe; Quelques habitans de cet heureux sejour preparent vn Combat de plaisir pour le diuertissement de leur Reyne, qui imite parfaitement les regles d'vn veritable Combat.

*Capitaine de l'vn des partys*, M. Baptiste Lully.

*Soldats*, Messieurs Bontemps, Ioyeux, Barbau, & S. Maury, les Sieurs Bruneau, Langlois, Beauchamp, Des-airs l'aisné, & le Cadet, Lambert, & Don.

*Capitaine de l'autre Party*, le Sieur du Moustier.

*Soldats*, Messieurs de la Barre l'aisné, & le Cadet, M. S. Fré, les Sieurs Geoffroy, Vagnac, Lerambert, S. André, Feurier, le Grais, le Conte, Clinchant, & le Noble.

M. Baptiste Lully, *representant vn Capitaine*.

AV lieu de m'emporter j'auray meilleure grace
    D'estre modeste sur ce point,
Sans me vanter icy que le Siecle n'a point
    De Capitaine qui me passe:
Mais rendons-nous justice, & voyons apres tout
Qui peut mieux meriter des loüanges parfaites,
    Les choses dont je viens à bout,
    Cesar mesme les eut-il faites?

FIN DE LA PREMIERE PARTIE.

E

# SECONDE PARTIE.

*La Scene represente vne Mer où plusieurs Vaisseaux sont à la Rade.*

CETTE partie du Ballet contenant quelques aduantures de Polexandre, & n'estant remplie que de choses Guerrieres & Heroïques: Mars, Bellonne & les Furies en font le Recit.

 Mars. M. Vincent.
 Bellonne. Mademoiselle Raymond.
Les Furies. Mess. L'Alleman, le Gros & Beaumont.

### RECIT DE BELLONNE.

Bien que je sois fiere & cruelle,
Ie voy que mes Amans ne se peuuent tenir
De se précipiter, afin de paruenir
  A l'honneur où je les apelle.
La chaleur que j'inspire est glorieuse & belle,
Et qui meurt de mes coups ne sçauroit mieux finir.

### FVRIES.

Remplissons l'Vniuers d'horreur, & de carnage,
Si nous ne pressons nostre Ouurage
La Paix viendra mal à propos
Troubler cette fureur qui nous sert de repos.

### BELLONNE.

Quoy, cette Paix malgré mes Armes
A ma diuinité voudroit oster l'encens?
Et viendroit arrester tant de cris gemissans,
De soupirs, de sang, & de larmes,
Ha! ne permettons point que de si foibles charmes
Effacent des attraits si forts, & si puissans.

### FVRIES.

Remplissons l'Vniuers, &c.

## PREMIERE ENTRÉE.

EOle vient deschaisner les vents pour trauerser la nauigation de Polexandre, & le Ciel permet cet obstacle à sa gloire, afin qu'elle en soit plus esclatante quand il l'aura surmonté.

       Eole. **LE ROY.**
Vents. Les Sieurs Beauchamp, le Vacher,
        Reynal, & de Lorges.

## Sa Majesté representant Eole.

Roy d'vn Peuple leger, inconstant, & volage,
Et l'Arbitre absolu du calme, & de l'orage,
Vn legitime Orgueil a sujet de m'enfler :
Des Vents seditieux j'apaise l'insolence,
Et par tout où ma voix impose le silence,
Quelque mutin qu'on soit, rien n'oseroit soufler.

La Fortune est par moy poussée à toutes voiles,
Tantost jusqu'aux Enfers, tantost jusqu'aux
    Estoilles,
Ie renuerse les Murs comme les Bataillons :
Ie ne voy point de force au dessus de la mienne,
Et quand je m'abandonne, il n'est rien qui soutienne
L'impetuosité de mes fiers tourbillons.

Ie les tiens enchaisnez, mais pour ces Vents
    de flame
Qui malgré qu'on en ait sortent du fond de l'ame,
Ie ne sçay comme quoy les mettre à la raison ;
Et c'est, ou je me trompe, vne moindre entreprise
D'enfermer l'Aquilon & tous les vents de Bise,
Que de penser tenir vn soupir en prison.

II. Entreé

## II. ENTRE'E.

VN Pilote & six Mariniers jettez par la Tempeste au mesme riuage où elle a fait aborder Polexandre, tesmoignent par leurs actions la satisfaction qu'ils ont de se voir sauuez apres le débris de leur Vaisseau.

*Pilote*, M. Ioyeux. *Mariniers*, les Sieurs S. Fré, Lambert, Mongé, le Conte, la Marre, Feurier.

### Pour le Pilote & les Mariniers.

*LA Terre ne vaut rien si la Mer n'est pas bonne*
*L'une & l'autre est perfide en son plus doux acueil,*
*Et par tout où se trouue une belle Personne*
*Il faut croire que là se rencontre un écueil.*

## III. ENTRE'E.

ZElmatide, Prince du Perou, apres vn extresme danger vient aborder en ce mesme riuage auec quelques-vns des siens, & faisant voir sur ses habits vne partie des prodigieuses richesses de ses Prouinces, se réjouit des nouuelles qu'il a apprises en ariuant à terre.

*Zelmatide.* Le Duc de Guise.
*Cheualiers de sa suite.*, les Cheualiers de la Marthe, & de Fourbin, Mess. Coquet & Boyer.

F

### Le Duc de Guise, representant Zelmatide.

A Tous les Conquerans ma vaillance m'égalle,
Et le Perou tarit dans ma main liberalle,
Qui verse autour de moy tout son or éclatant:
I'ay promené l'Amour de contrée en contrée,
Et si ce n'estoit pas que je fusse inconstant,
Ie cherchois Izatide, & je l'ay rencontrée.

Ses charmes tout-puissans du fond de l'Amerique,
M'ont jetté dans l'Europe où ma force heroïque,
Selon la Renommée, a fait assez de bruit,
Et sa jeune Beauté qui n'a point de seconde
D'vn seul de ses regards a plainement détruit
Le panchant que mon cœur eut pour le nouueau
   Monde.

### Pour les Cheualiers de la Marthe, & de Fourbin, representant des *Ameriquains*.

IMitans ce grand courage
A qui nous faisons la Cour,
Tout nostre fait se partage
Entre la Gloire & l'Amour.

## IV. ENTRÉE.

Six Geans, & autant de Nains de la suite de Zelmatide, font voir vne notable difference de leurs tailles, & le caprice de la fortune qui les a assemblez.

*Geans.* Mess. la Barre freres, les Sieurs Vagnac, Toury, Picot, & Baltazard.

*Nains.* Bonard, Broüard, Tomin, Rousseau, Ioubert, & Balon.

Pour les *Geans*, & les *Nains*.

*Ce n'est point à dessein de donner des batailles,*
*Que ces Monstres diuers sont arriuez icy,*
*Ces Nains & ces Geans ne sont en ce lieu cy,*
*Que pour faire valoir les Gens d'entre deux tailles.*

## V. ENTRÉE.

Quatre des principaux Corsaires de Bajazet vaincus sur Mer par Polexandre, & faits prisonniers, se réjoüissent de la liberté qu'il vient de leur rendre.

*Corsaires.* Les Marquis de Saucourt, & de Richelieu, les Sieurs le Vacher, & du Pron.

Le Marquis de Saucourt, representant vn Corsaire.

Depuis que je croise Neptune
Mes faits me sont d'vn grand raport,
Et la victoire, & la Fortune,
N'ont point abandonné mon Bord:
Ie fais valoir la Marchandise
Lors que j'en destourne l'employ,
Et me trouuant bien de ma Prise
Ma Prise en mesme temps se trouue bien de moy.

Pour le Marquis de Richelieu, representant vn Corsaire.

Ce Corsaire n'a pas vne valeur commune,
Et de quelque façon qu'il se soit embarqué
Son cœur a noblement soustenu sa fortune,
Et quand l'vne a failly, l'autre n'a point manqué.

---

## VI. ENTRE'E.

Huict Demons enuoyez par la Magicienne Zelopa, contre ceux qu'elle croit luy deuoir rauir l'affection de Zabaïm; consultent entre eux quelles persecutions ils feront souffrir à Polexandre, qu'elle soupçonne d'estre l'autheur de son déplaisir.

Demons. LE ROY. Le Marquis de Genlis.
Mess. Verpré, Molier, Baptiste, les Sieurs
Beauchamp, de Lorges, & Reynal.

Pour

Pour sa Majesté, representant vn *Demon*.

QVe je suis dans vn doute estrange,
Et que pour en sortir mes soins sont superflus :
Car je ne me cognois non plus,
En Demon que ie fais en Ange :
I'y resuerois sans fruit d'icy iusqu'à demain,
Ie voy bien sur son frõt, dãs ses yeux dãs son geste,
Dans sa taille, & dans tout le reste
Quelque chose de plus qu'humain.

Mille sentimens doux & tendres
Que l'Amour a baillez en garde à la pudeur,
Cachent mal icy leur ardeur,
Et le feu brille sous les cendres ;
Mille ingrates Beautez plus dures que le fer,
Font dire à leurs regards plains d'vne honte ex-
tresme,
Si tous les Demons sont de mesme,
Helas ! qu'il fait doux en Enfer.

Quoy donc, vous n'estes plus si fieres,
Et vous auez besoin vous mesme de secours,
Vous dont le mépris tous les iours
Nous insulte en tant de manieres ?
Vous en tenez enfin, vostre cœur est charmé,
Et se trouue puny d'estre peu sociable,
Aprenez que c'est là le Diable
D'aymer sans espoir d'estre aymé.

G

*Le Marquis de Genlis, representant vn Demon.*

N'A-t'on pas mille fois dit, écrit, imprimé,
Que je ne suis pas beau, qui n'en est informé?
Le monde est rebattu de ces vieilles nouuelles;
On me le reprochoit dez mes plus jeunes ans,
Tant de Belles l'ont dit, & l'ont dit si long-temps
  Qu'elles mesmes ne sont plus Belles.

## VII. ENTRÉE.

A L'arriuée de Pallante chef des illustres Esclaues d'Alcidiane, & enuoyé à Polexandre auec quatre de ces Compagnons; les enchantemens sont dissipez & les demons mis en fuite, le Genie de cette belle Reyne estant plus fort que toute leur puissance.

*Pallante*, Le Comte de S. Aignan.
*Esclaues*, M. Coquet, le Sieur Langlois,
 & les Sieurs Des-airs freres.

**Le Comte de S. Aignan**, *representant Pallante chef des Illustres Esclaues d'Alcidiane.*

Mille Gens amoureux & Braues
Endurent où j'endure, & seruent où je sers;
Et je suis seulement le Chef de ces Esclaues
  A cause que j'ay plus de fers.

FIN DE LA SECONDE PARTIE.

## TROISIESME PARTIE.

*La Scene represente vne superbe Ville, & quelques Paysages qui l'enuironnent.*

C'Est icy que Polexandre se trouue veritablement dans le Port en toutes façons ; & que la Fortune accompagnée de l'Honneur & de la Gloire qui ont suiuy ce Heros, fait le Récit de cette troisiesme Partie.

### RECIT DE LA FORTVNE,
Chanté par Mademoiselle Hilaire.

QVe d'Esclaues soûmis à mes Loix adorables,
 Les Bien-heureux, les Miserables,
De ma legere humeur sont le bizarre effet :
 Et tout l'Vniuers ne rézonne
 Que des reproches qu'on me fait,
 Et des loüanges qu'on me donne.

Mon inconstance a droit sur tout ce qui respire,
 Rien n'est durable en mon Empire,
Et là ce qui s'éleue est bien-tost abatu :
 Toute chose y change de face ;
 Mais le Merite & la Vertu,
 Y sont toujours en mesme place.

## Premiere Entre'e.

POlexandre paroist triomphant, & suiuy des principaux des siens arriue en l'Isle inaccessible.

*Polexandre*, le Sieur Beauchamp. *Suiuans*, Les Cheualiers de la Marthe, & de Fourbin, Mess. Boyer & Coquet.

*Pour Polexandre & sa suite.*

*POlexandre paruient au but de son desir*
*Par plus d'vne bataille & plus d'vne victoire,*
*Ainsi l'ordonne Amour qu'on arriue au plaisir*
*Par le mesme chemin qui conduit à la gloire.*

## II. Entre'e.

TRois Bergers, & autant de Bergeres de cette heureuse Contrée, que la douceur de la Solitude & l'amour ont reduits à cette vie Champestre, font auec plusieurs autres vn Concert Rustique, auquel vn Chœur de Flustes & de plusieurs autres instrumens respondent; & tesmoignent auec combien de plaisir ils ont appris l'arriuée de Polexandre : Pendant qu'ils se réjoüissent, sept Faulnes descendent des rochers & montaignes voisines, & viennent se mesler parmy eux; & quoy qu'ils tesmoignent leur admiration pour les Bergeres, les Bergers qui ne peuuent receuoir de Ialousie dans le lieu d'où elle a esté bannie entierement auec les autres Passions, ne font qu'en rire, & joüer auec eux; & enfin ils dãsent tous ensemble.

*Bergers*, les Comtes de S. Aignan, & de Guiche, M. Ioyeux. *Bergeres*, le Marquis de Villeroy, M. de Raffent, & le Sieur Langlois.

*Faunes*, Monsieur Bontemps, Messieurs Barbau, de Verpré, Baptiste, & Bruneau, les Sieurs Des-airs le jeune, & le Noble.

*Concertans des Bergers*, Alais, Hobterre pere, & les deux Hobterre freres, Des-cousteaux, Brunet, Boutet, Herbinet, Nicolas, Iaques des Touches, Michel des Touches, & Pieche.

Le Comte de S. Aignan, *Berger.*

*Gloire de la Bergerie,*
*Au cœur fier, à l'esprit doux,*
*Faunes, Satyres, & Loups,*
*Ont éprouué ma furie,*
*Il m'en couste prez, & bois,*
*Au seruice de Diane,*
*Et j'en ay plus d'vne fois*
*Incommodé ma Cabane:*

Ma Houlette a de l'honneur,
Et c'est tout ce qui me flate,
Quel plus solide bon-heur
Pour vne Ame delicate.

### Le Comte de Guiche, Berger.

MA ieunesse viue & prompte
Se modere d'auiourd'huy,
Et trouuoit assez son conte
Parmy les troupeaux d'autruy,
Mais vn Pasteur m'a fait prendre
Vne Brebis ieune & tendre,
Douce & belle à regarder;
Elle est tout à fait mignonne,
Bien m'en prend qu'elle soit bonne;
Car il faut toujours garder
Tout ce qu'vn Pasteur nous donne.

### Pour le Marquis de Villeroy, Bergere.

CEtte ieune Bergere cause,
Danse, chante, & fait bien du bruit;
Mais ce seroit toute autre chose
N'estoit le Faune qui la suit.

Que de personnes toutes faites
Sont contraintes de luy ceder,
Et qu'en gardant ses Brebietes
Elle en donne bien à garder.

*Elle entend tout, rien ne l'irrite,*
*Des bons railleurs ny des méchans;*
*Mais dites luy qu'elle est petite,*
*La Bergere se met aux champs.*

## III. ENTRÉE.

LA Felicité de Polexandre & d'Alcidiane estant establie, & ne pouuant plus estre sujette au changement; Quelques Courtisans se réjoüissent de la satisfaction de leur Roy.

*Courtisans, le Marquis de Rosny, le Marquis de Seguier, le Chevalier de la Marthe, Mess. Boyer, Coquet, & Deuilledieu.*

*Le Marquis de Rosny, representant vn Courtisan.*

*Les ieunes Courtisans adorent tour à tour*
*Ces deux diuinitez la Fortune & l'Amour,*
*I'ay déja quelque acces aupres de la Fortune,*
*Sa faueur m'est acquise, il reste seulement,*
*Qu'entre tant de Beautez i'en puisse choisir vne*
*Qui m'ayde à faire à l'autre vn premier compliment.*

## IV. ENTRÉE.

IL se fait vne course de Faquin fort ridicule, pour le diuertissement de Polexandre & d'Alcidiane.

*Balayeurs de la Lice*, M. Cabou, le Sieur Doliuet,
*Faquins*, les Sieurs de Lorges, & le Conte.
*Cheualiers grotesques*, les Sieurs Geoffroy,
Toury, Don, & de S. André.

## V. ENTRÉE.

AFin que rien ne manque au bon-heur de ces deux Amans, les Saisons au lieu de se succeder les vnes aux autres, leur apportent toutes ensemble ce qu'elles ont de coustume de produire.

SAISONS. *Le Printemps*, le Comte de Sery.
*L'Esté*, M. de Gontery. *L'Automne*, le Comte
de Guiche. *L'Hyuer*, M. de S. Maury.

Le Comte de Sery, representant le *Printemps*.

AMour a sous ses loix rangé ma destinée,
Ie pousse mille soupirs,
Il faut bien que le Temps le plus beau de l'année
Ait sa Flore & ses Zephirs.

M de

#### M. de Gontery, représentant l'Esté.

LA Chaleur qui m'accompagne
Paroist en chaque campagne,
Et qui m'a voulu suiure a touiours éprouué
Qu'il faisoit assez chaud où ie me suis trouué.

#### Pour le Comte de Guiche, représentant l'Automne.

AMour, pourueu que tu le vueilles,
Ce Temps nous donnera de ses fruits dans neuf
mois,
C'est vn grand abateur de fueilles,
Ie ne sçay pas s'il est grand abateur de bois.

## VI. ENTRE'E.

LEs Plaisirs de toutes sortes viennent en cette Cour pour ne l'abandonner jamais.

### LES PLAISIRS.

Le Marquis de Villequier, *la Mascarade.*
Le Marquis de Saucourt, *la Comedie.*
Le Marquis de Richelieu, *la Chasse.*
Le Marquis de Genlis, *la Pesche.*
Le Marquis d'Alluye, *la Paume.*
Le Marquis de Villeroy, *l'Amour.*
M. de Rassen, *vn autre Amour.*
Le Sieur Reynal, *la bonne Chere.*

### Le Marquis de Villequier, *la Mascarade*.

Pour ne pas faire cognoistre
Ou ma ioye, ou mes ennuis,
Ie Masque, & ie veux paroistre
Tout autre que ie ne suis.

### Le Marquis de Saucour, *la Comedie*.

Coquettes, quoy que vous die
Ou la Mere ou le Mary,
Venez à la Comedie
Vous n'auez iamais tant ry.

### Le Marquis de Richelieu, *la Chasse*.

Ie trauerse à tout moment
Le bois, le mont, & la plaine,
Et c'est tout mon élement
Que la fatigue & la peine.

### Le Marquis de Genlis, *la Pesche*.

Pour des hameçons & des lignes
On sçait que ie n'en manque pas;
Mais il est des langues malignes
Qui disent que i'ay peu d'appas.

Le Marquis de Villeroy, representant vn Amour.

IE me cognoistray mieux vn iour,
A cette heure ie n'y voy goute;
C'est vn grand plaisir que l'Amour,
Je n'en sçay rien, mais ie m'en doute.

Pour M. de Rassen, l'Amour.

CEt Amour est assez fin,
Et pour surprendre les Belles,
Il fera plus de chemin
De ses pieds que de ses aisles.

---

### VII. ET DERNIERE ENTRÉE.

VNe Princesse de Mauritanie que le hazard a fait aborder en l'Isle inaccessible auec sa suite, tesmoigne par vne Chacone, dont les Maures ont esté les premiers inuenteurs, la part qu'elle prend à la satisfaction des deux Amans; & conclud tout le Ballet par cette dance si agreable; pendant laquelle il se fait vn second Concert de Voix & de Guittares, a quoy toute la Musique respond alternatiuement.

*Princesse Maure.* Mademoiselle de Verpré.
*Maures*, LEROY. Le Comte de S. Aignan,
Monsieur Bontemps, Mess. de Verpré, & Baptiste,
les Sieurs Langlois, Bruneau, Des-airs l'aisné.

Pour sa Majesté representant vn *Maure*.

CEs Maures si bien-faits s'en vont d'un pas hardy
Dans l'empire d'Amour faire de grands vacarmes;
Il n'est point de Galand qui n'en soit estourdy,
De ces beaux Tenebreux on redoute les armes.
    Et tout cede à leurs charmes,
    Blondins, adieu vous dy.

Vn d'entr'eux qui d'aucun ne peut estre égalé,
Dont la mine est plus haute encor que la naissance,
Agit comme un Amant parfait & signalé;
Mais il ne sent pas trop l'amoureuse puissance,
    Et n'a, comme ie pense,
    Que le teint de brusté.

De mesme que son rang son cœur est singulier,
Et iamais cet Amour que tout le monde adore,
N'eut sous sa discipline un moins souple écolier,
Quelque habile qu'il soit, le fut-il plus encore,
    Ie doute que ce More
    Endure le colier.

Le Comte

### Le Comte de S. Aignan, representant un Maure.

Mon cœur a signalé sa noble ambition,
Et s'est rendu fameux en plus d'une Campagne ;
Si les Maures auoient la mesme intention
Les Maures pouroient bien retourner en Espagne.

Dames Maures qui chantent. Mademoiselle de la Barre, La Signora Anna Bergerotti.

Esclaues Maures joüants de la Guittarre.
Les Sieurs Pesche, Toury, Chabot, Clement, le Gris, Caron, Emanuel, Quarante.

### SIMPHONIE.

Clauessins.  Mes. de la Barre l'aisné & Lambert.
Teorbes.  Mes. de la Barre le cadet, Vincent, Rayneual & Grencrin.
Violles.  Mes. le Febure, Alissan, Gigot, Richard, & Ribou.

K

# RECIT ITALIEN,
### Chanté par Mademoiselle de la Barre, & la Signora Anna Bergerotti

  Cede al vostro valore
  Ogni Deità
  La Fortuna e l'Amore
  Per vinto si dà.

Sorte ch'ognh'or leggiera
Volubil giro
Sua inconstante carriera
Per sempre fermò
Liet'a vostro fauore
Immobil si sta.

  Cede al vostro valore
  Ogni Deità
  La Fortuna e l'Amore
  Per vinto si dà.

Stassi in sede diuina
Amore di sè
Questa in trono destina
Al vostro bel pie
Per si nobil ardore
Dolcezze sorsa.

  Cede al vostro valore
  Ogni Deità
  La Fortuna e l'Amore
  Per vinto si dà.

# TRADVCTION DES VERS ITALIENS.

LEs Dieux dont vous estes l'image,
Comme vostre Valeur, font briller vostre Cour;
Et vous receuez vn hommage
De la Fortune & de l'Amour.

Le Sort dont l'aisle est si legere
Qu'elle n'est jamais en repos,
Et dont l'inconstante carriere
Semble changer à tous propos;
De pouuoir l'arrester vous donne l'auantage,
Et depuis l'Occident jusqu'au leuer du jour:

Les Dieux par vn double partage,
Comme vostre Valeur, font briller vostre Cour,
Et vous receuez vn hommage
De la Fortune & de l'Amour.

Sur vn Trosne des plus sublimes
On void esclater vos vertus,
Et le Ciel qui punit les crimes
Sous vos pieds les tient abbatus:
Le funeste malheur jamais ne vous outrage,
Au milieu des dangers, & dans ce beau sejour;

Des Dieux la conduite si sage,
Comme vostre Valeur, fait briller vostre Cour,
Et vous receuez vn hommage
De la Fortune & de l'Amour.

FIN DV BALLET.

www.ingramcontent.com/pod-product-compliance
Lightning Source LLC
Chambersburg PA
CBHW060517050426
42451CB00009B/1035